SCHNELLBIBEL
GATE
Kapitel Nr.
21 OHNE KOMPASS DURCH DIE WÜSTE (4. MOSE 1–35)
22 JERICHO – POSAUNE DURCHBRICHT SCHALLMAUER (5. MOSE 34 / JOSUA 1–6)
23 ZOFF MIT PHILISTERN UND ANDEREN BIMBOS (RICHTER 4–12)
24 SAMSON – DIE GEBURT EINES GAMMLERS (RICHTER 12, 13)
25 HEBRÄISCHER RÜBEZAHL LIEBT PHILISTERTOCHTER (RICHTER 13–15)
26 SAMSON & DALILA oder WIE MAN GLATZE KRIEGT (RICHTER 16)
27 SAULS BILDERBUCHKARRIERE (1. SAMUEL 9–16)
28 GIFTZWERG GEGEN RIESENBABY (1. SAMUEL 17, 18)
29 DAVID & SAUL – FAMILIENKRACH NACH DALLAS-ART (1. SAMUEL 18–31)
30 DAVID LÄSST DIE PUPPEN TANZEN (2. SAMUEL 2–6)
31 BATHSEBAS ZWILLINGS-NACKEDEI (2. SAMUEL 11)
32 ABSALOMS ÖDIPUSSI-KOMPLEX (2. SAMUEL 14–16)
33 WIE MAN IN DEN HIMMEL KOMMT (2. SAMUEL 17–19) ODER IN DER VERSENKUNG VERSCHWINDET (1. KÖNIGE 1, 2)
34 SALOMO DER WEISE SPRICHT (1. KÖNIGE 2–11)
35 KÖNIGE UND PROPHETEN AM LAUFENDEN METER (1. KÖNIGE 12 – JEREMIA 43)
36 JONAS GEHT AUF TAUCHSTATION (JONAS 1–4)
37 JERUSALEM FEUERBESTATTET – TRAUERARBEIT IN BABYLON (2. KÖNIGE 24, 25)
38 DANIEL – DER BIBLISCHE NICK KNATTERTON (DANIEL 1–6, APOKRYPHEN)
39 UND NUN ZUM SCHLOSS: EIN TEMPEL FÜR DEN GROSSEN BOSS! (ESRA 5, 6)
COUCHETTE
POMADE

Michael KORTH / Klaus PITTER

SCHNELL-BIBEL

Eichborn

Mit herzlichem Dank gewidmet unserem 30-jährigen Beraterteam
Nina Arrowsmith, Christoph Mörz und Clemens P.

Unsere SCHNELL-BIBEL setzt die schöne alte Tradition der Bilder-Bibeln fort, deren Blütezeit im 14./15. Jahrhundert war. Religiöse Bilderbücher dieser Art wurden ARMEN-BIBEL genannt. Der Begriff geht auf die armen Geistlichen zurück, die sich die damals sündteure Textbibel nicht leisten konnten. Denn jede Textbibel mußte bis zur Erfindung des Buchdrucks (1445) mühselig mit der Hand geschrieben werden. Anhand der Bilder der ARMEN-BIBEL erläuterten die Religionslehrer dem analphabetischen 'Volk' die frommen und weniger frommen Geschichten. Es störte sie nicht, daß die Editoren das Leben Christi unbekümmert mit den uralten Erzählungen des ALTEN TESTAMENTS mixten, damit die Bildergeschichten eine spannende Story bekamen. Dieses großzügige Editionsprinzip haben wir freudig übernommen, um die rasantesten Stoffe des ALTEN TESTAMENTS dem heutigen Sekundär-Analphabeten als bunte Einheit nahezubringen.

CIP - Titelaufnahme der Deutschen Bibliothek

Schnell-Bibel: für eilige Christen / Michael Korth; Klaus Pitter. - Frankfurt am Main: Eichborn, 1990
ISBN 3-8218-2122-1

Umschlaggestaltung: Klaus Pitter.
Gesamtherstellung: Fuldaer Verlagsanstalt, Fulda.
ISBN 3-8218-2122-1.
Verlagsverzeichnis schickt gern:
Eichborn Verlag, Hanauer Landstraße 175, D-6000 Frankfurt 1

1 WELTREKORD IN SECHS TAGEN (1. MOSE 1,2)

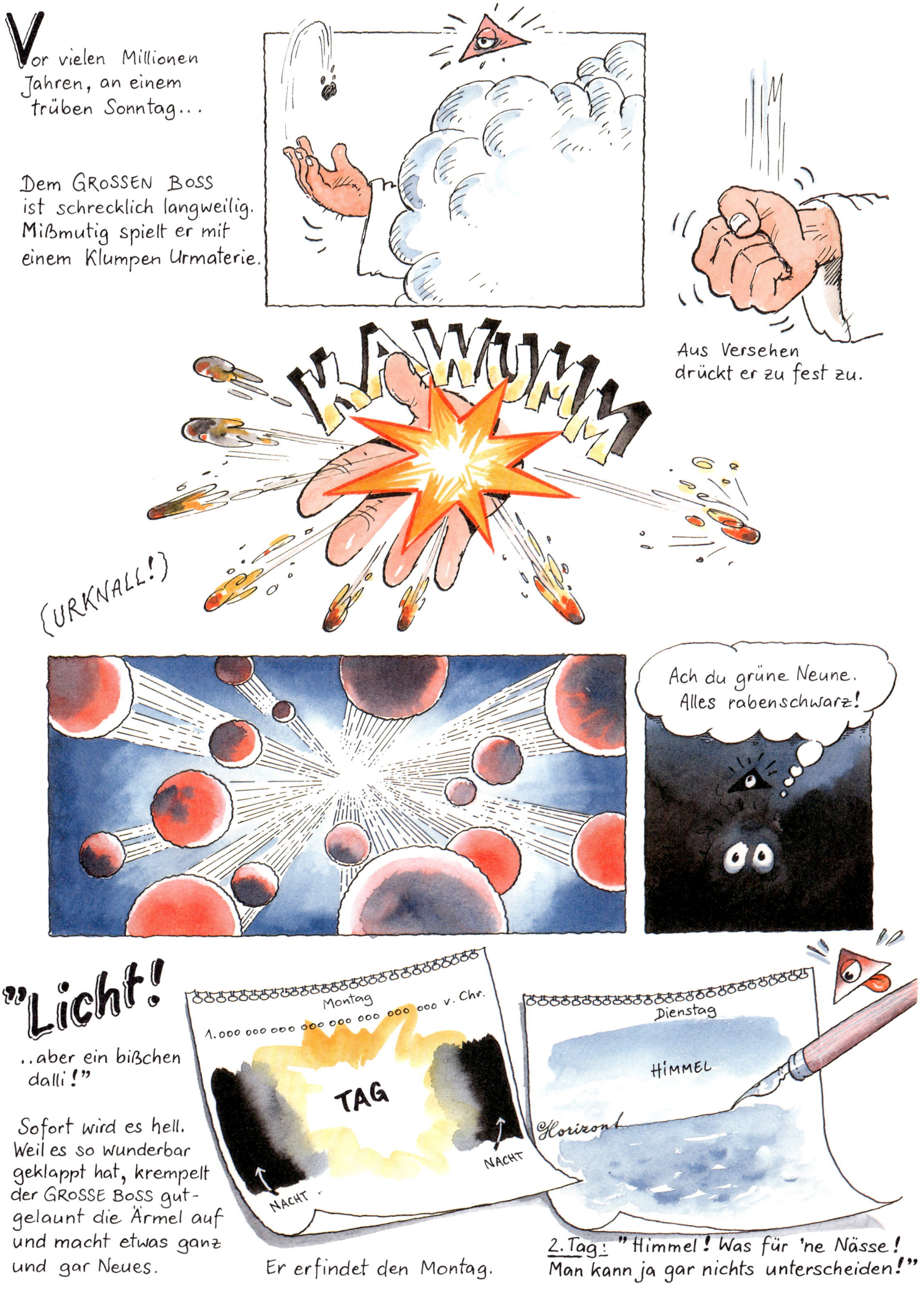

3. Tag: Der GROSSE BOSS blickt in die himmelblauen Fluten, bis ihm die Augen tränen.

"Kein Land in Sicht, ...

... da muß was Trockenes her!"
Die Kontinente garniert er mit lustigem Grünzeug. Er läßt Blumen blühen und von Banane bis Fliegenpilz das herrlichste Obst wachsen.

Am 4. Tag dekoriert er den grauen Himmel mit flimmernden Sternbildern, läßt den Mond herumsausen und schickt Frau Sonne auf ihre Bahn.

Am Freitag betrachtet er nachdenklich seinen Rohbau. "Irgend etwas stimmt noch nicht," grübelt er. "Es muß Leben in die Bude. Es soll schwirren und wirren!" Beschwingt bastelt er Fische und Vögel.

Im Morgengrauen gehts weiter. Er ist im Schöpfungsfieber. An einem Tag bastelt er einen ganzen Zoo – vom Dinosaurier bis zur Filzlaus. Alles geht wie geschmiert.

Nur bei einem Stück gibts Probleme...

2 MODELL ADAM & EVA (1. MOSE 2)
"Da unten muß einer für Ordnung sorgen," denkt der GROSSE BOSS. "Wenn der aussieht wie ich, werden die Viecher Respekt vor ihm haben..."
Sein Liebling Satan langweilt sich. Geschickt versucht er, den GROSSEN BOSS von der Arbeit abzulenken.
"Platz! Hab keine Zeit!"
Nervös bastelt der GROSSE BOSS an seinem Double. Es haut und haut nicht hin.
Während er zum Spiegel saust, um zu sehen, ob er seiner komischen Schöpfung ähnlich sieht, ...
... versucht Satan sich auch ein bißchen als Künstler.
"Oje," seufzt der GROSSE BOSS, nachdem er Adam das Leben eingehaucht hat, "- dieser Trottel soll mir ähnlich sehen? Die Krone der Schöpfung?! Ein ziemlich ordinäres Probestück."
Er versucht's nochmal.
Und diesmal gelingt's. Sein Meisterstück.
Sonntag
GOTTES LOB
Herrlich. Jetzt lebt es sich wie im Paradies.

3 NASCHEREI MIT BÖSEN FOLGEN (1. MOSE 3)

Adam, du fauler Knochen, wo steckst du?
Warum versteckst du dich?!
I-ich wollte nicht so spärlich bekleidet vor dir erscheinen.
Wer hat dir denn gesagt, daß du im Adamskostüm rumläufst?
Hier, das Flittchen, das du mir zum Kochen geschickt hast!
Ich?! – Ich bin verführt worden. Der komische Kerl mit dem langen Schwanz..
Unzuverlässiges Pack!!
Zur Strafe setze ich euch an die frische Luft!
Du, Mädel, sollst für die Spielerei mit dem Langschwänzigen deine Kinder mit solchen Schmerzen kriegen, daß du meinst, es zerreißt dich!
Und du, mein Junge, wirst, weil du dich von ihr hast verführen lassen, für ihre Bälger schuften müssen. Was du auch anpackst, – Mistgabel, Fließband, Telefon – es wird dir sauer ankommen.
Und jetzt ab mit euch!
Flurhüter Michel!
Das Pärchen hier hat auf alle Ewigkeit Eintrittsverbot!!
Jawoll, Boß.
Und du pennst ab heute draußen!

5 KAIN UND ABEL – 1. KRIMINALFALL DER WELTGESCHICHTE (1 MOSE 4)

6 WO KEINE PILLE IST, DA IST EIN WEG (1. MOSE 4,5)

Vom treuen Satan begleitet, trifft Kain zwischen Bagdad und Peking einen steilen Zahn. Er geht sofort ran an den Speck. Das Ergebnis kann sich sehen lassen: ganz der Herr Papa.

Eine nette Familie!

Kain zeugt, was das Zeug hält. Wo keine Pille ist, da ist ein Weg. Im Lauf der Jahrhunderte wächst ein toller Stammbaum heran. Und alt werden die Patriarchen! Und geschäftstüchtig --

Der GROSSE Boss ist erschüttert.

7 NOAH, DER ERTE RICHTIG GRÜNE GRÜNE (1. MOSE 4,5)

Alles drängelt an Bord, sogar blinde Passagiere. Aber der GROSSE BOSS sieht alles.

Am Tag als der Regen kam, schießen die Hinterbliebenen ein Erinnerungsfoto an gemeinsam verbrachte Tage…
LAND-REGEN
WOLKEN-BRUCH
SINTFLUT
Dann zeigt der GROSSE BOSS, was er kann.
Wer jetzt kein Schiff hat, findet keines mehr!
- Denkste! -
Nach 150 Tagen landet der Hochseewasserzoo auf dem Mount Ararat, 5.948 m über dem Meer.
Ganz schön eng hier. Junge, schau mal, ob's irgendwo ein paar m² gibt.
Aye, aye, Sir!
Nach drei Tagen:
Nichts. Nur Himmel über Berlin.
2. Versuch:
Überall Waschküche!
Endlich: LAAAND!!
KEIN SCHÖNER LAND..
Wer ist dat-denn ?!
hä hä
Dankbar lädt Noah den GROSSEN BOSS zum Essen ein. Er opfert einen Bigamisten.

Vom vielen Salzwassersaufen ist Noah durstig wie ein Wüstenbataillon. Sofort pflanzt er Wein.
Mist, warum wächst der so langsam? DURST!!
Er ist verzweifelt. Satan gibt ihm einen Tip.
GLYKOL
HURRA! HEUREKA!
So wird Noah zum Erfinder des Kunstweins.
IN SANTO SPIRITU
Noah und seine Söhne saufen, bis sie ihre Weiber dreifach sehen.
QUIEETSCH QUIEETSCH
QUIIETSCH KNARR KNARR
Jetzt wird's eng.
Der Kunstwein ist nicht nur ein tolles Potenzmittel,...
..er löst auch Zungenlähmung und Sprachverwirrung aus. Als sie selig einen Turm bauen, um dem GROSSEN Boss nahe zu sein, können die Typen nur noch babbeln. Gräßlich – überall Ausländer!
Gruß aus Babel
DEUTSCHE BANK
CIA BANK
?!
[ə'tenʃən]!
AUSLÄNDER RAUS!
APPENZELLER BANK
Five o'clock teafix!
HØRNIX
Du sprechen Deitsch ?!
FOA HOAM DU KRIPPI*
*) Slang im afrikanischen Teil unseres Vaterlandes. Heißt ungefähr: Fahr heim, du Krüppel

Abraham, ein Urenkel Noahs, und seine Freundin Sara, Noahs Urenkelin, träumen vom gelobten Landleben.

Auch Abis Vater und Neffe Loth gehen mit auf den Trip.

Abis Boßvertrauen zahlt sich aus: 7.635 Ziegen und Schafe! Die muß Sara melken.

Trotzdem scheint ihr die Landluft nicht zu bekommen. Es funkt einfach nicht!

An Abis hundertstem Geburtstag wird Sara Mutter. Für eine Erstgebärende ist sie nicht mehr die Jüngste, aber beim GROSSEN Boss ist nichts unmöglich.

Isaak, zack, zack, zack, tanzt mit Abi Huckepack!

Vetter Loth züchtet derweil am Rande Sodoms Schweine und andere Ferkel. Ein glänzendes Geschäft.
Diese Säue! Na wartet!!
Meckermann
FRANKFURT SODOM FRANKFURT
CASINO
PEEP
HOT DOGS
EINZEL-STÄLLE!
SHOW
BAR
PARADISO
CINEMA EROTIQUE
HEUTE: SEX am Fließband
GESTÄNDNISSE EINES BATTERIEHUHNES
LOT'S RANCH
Deutsch Bier
LEGALISIERT
SODOM
Den verdammten Sodomisten mach ich Feuer unterm Hintern. Loth, hau ab, aber dreht euch bloß nicht um!
Soletti
Dann wirft er seinen höllischen Molotow-Cocktail.
Während Sodom wunderschön verglüht, reitet Missis Loth der Teufel. Sofort erstarrt sie zur Salzstange. Loth wirft sie zum Abkühlen ins Wasser, aber da löst sie sich auf. Seitdem heißt der versalzene Tümpel 'Totes Meer'. Traurig, aber wahr.

11 LOTHS UNVERKLEMMTE TÖCHTER (1. MOSE 19)

12 Josefs fiese Brüder (1. Mose 37)

Abis und Saras Sohn ist ein Mustergatte. Er produziert zwei sagenhafte Söhne. Esau, ein haariger Typ, ist so gutmütig, daß er sich von seinem Bruder immer übers Ohr hauen läßt. So wird Jakob Chef der Familie.

Er zeugt zwölf stramme Erzväter. Die haben es faustdick hinter den Ohren. Bis auf einen. Josef, der Softi, stammt von einer anderen Lady und ist Jakobs Favorit. Das finden die andern gemein.

Sie stellen Josef in einem Brunnen kalt. Als eine Karavane für den Pharao vorbeikommt, verhökern ihn die Gangster.

In Kairo kauft ihn Kommerzienrat Potifar für 300 Mark. Ein gutes Geschäft.

13 VOM TELLERWÄSCHER ZUM TRAUMDEUTER (1. MOSE 39–41)

Darauf macht ihn der Pharao zum Wirtschaftsminister
VOR-SORGE schafft ZUFRIEDENHEIT
Sieben fette BRD-Jahre: die Ägypter legen sich Vorräte zu und setzten Speck an.
Einen Löffel für den Pharao..
Einen Negerkuß für den Minister?
ZUCKER
Satan
PANZER-KNACKER GEPLATZT!
Sieben DDR-Jahre: dank Wirtschaftsminister Josef wird die Fastenzeit ein beispielloses Vergnügen.
ÄGYPT. TOTENBÜCHER
REISE-FÜHRER
ROMANE · MAGAZINE KOCHBÜCHER · COMIX
HEIL-FASTEN
KAU DICH FIT!
SCHLANK-SCHLEMMEN mit KORN 100000 REZEPTE
BRIEFMARKEN STEMPEL-MARKEN
LEBENS-MITTEL-MARKEN
VERGRIFFEN!
DAS SILBERHÄUTCHEN EROT. ROMAN
Auch Josefs feine Verwandtschaft schiebt Kohldampf. In Palästina ist alles ratzekahl gefressen. Der Hunger treibt seine Brüder in den goldenen Südwesten–dort werden sie bereits von Josef erwartet.
SOUVENIERS
KAIRO BANK
KREDITE
DRUGSTORE
SALOON
GIRLS
GESUCHT
OSTSPIONE
BELOHNUNG:
150.000 KÖRNER
Ins Auffanglager mit euch. Aber zack zack!
GROSSER BOSS hilf! Erweiche das harte Herz des Ministers!
Jakob & Sons
Dabei hatten sie sich die Übersiedlung so wunderbar vorgestellt. Mit Opa Jakob, Sack und Pack, Vetter Franz und Oma Duck.

Wenn die Not am größten ist, ist Big Boß am nächsten..
Juhuu, Brüder, kommt an mein Herz! Unsere kleine Differenz ist vergessen. Ich bin's, euer Josef!
HUNGER IST KEIN SCHICKSAL
Paß auf, Kleiner, mein Hühnerauge!
Man feiert hebräisch-ägyptische Wiedervereinigung.
Besonders der Pharao ist begeistert. Wenn die Schlitzohren alle so fleißig sind, wie sein Super-Minister...
1
STADT. KLOAKE
2
Ein paar Jahre herrschen Friede, Freude, Eierkuchen. Dann gibts Zoff. Die Bimbos wollen die gleichen Rechte. Außerdem sind sie fruchtbarer als Nilmoskitos...
3
Volksgenossen! Sie trinken unsern Wein, essen unsere Schokolade, sehen unser TV-Programm, atmen unsere Luft... **Ich**, euer Pharao werde euch beschützen! Die Faulpelze sollen schuften, bis ihnen die Lust aufs Kindermachen vergeht!
Hoch Pharao, unser geliebter Führer!
AUSLÄNDEI
KAPITALISTEN SÄUE!
OHNE MOOS NICHT LOS

15 MOSE – KRABBELJAHRE EINES FÜHRERS (2. MOSE 1-3)

Beziehung ist alles. Klein Moses kommt aufs
TUT-ENCH-AMUN-
OBERKLASSENGYMNASIUM
In der Schule der Ägypter
wird Klein-Moses schnell beliebter,
Lehrer Lampul bringt ihm bei,
was der Sinn des Lebens sei.
Heiliger Jbis
Ich sol dem Herrn Lehrer kei=nem Scarabäus in die Hänkemate
Dann studiert er an der
Ptolemäus-Universität
Sternkunde und andere
esoterische Wissenschaften.
Im Sommer jobt er als Praktikant auf
einer Schaf-Farm. Da passiert's.
Der GROSSE BOSS erscheint ihm als
brennendes Dornbusch-
gespenst, um ihn
zu erleuchten.
Aber Moses traut
dem Hokuspokus
nicht.
PSI
Der GROSSE BOSS ist sauer.
Junge, sag zu deinem Knüppel 'Hex-hex-sim-sala-bim'! Was siehst du?
Hä?!
Moses fällt der Kitt aus der Brille.
Aus dem Knüppel wird eine hübsche Kreuzotter.
VARIETE
ZAUBERTRANK 1 TALER
Mit einer Trickkiste
vom GROSSEN BOSS ausgestattet, bezaubert Moses seine
Peoples und verspricht ihnen das Blaue vom Himmel.

Von Moses becirct, wollen die Hebräer heim ins Gelobte Land. Der Pharao empfängt sie zu einem Arbeitsgespräch.
Wir nix als Arbeit – du immer faul in Swimming-pool Das nix gerecht!
Euch geht's doch gut! 14-Stunden-Tag, Sonntag nachmittags frei, drei Hände Reis in der Woche – bei der angespannten Wirtschaftslage ist einfach nicht mehr drin!
Lacoste, begleite den Herrn hinaus!
Der Ausbeuter will uns keinen Urlaub geben! Na warte, zur Strafe soll's Kaulquappen regnen!
Die ägyptische BILD-Zeitung berichtet von der Tragödie in erschütternden Hieroglüfen.
Lecker, jeden Tag Frosch-Schenkel. Trotzdem will der Pharao nichts von Mindesturlaub wissen.
EXTRABLATT! Super-Mücken saugen Ägypterblut!
Zur Strafe zwicken ihn Mückengeschwader.
Locker lassen, Majestät, locker lassen!
QUETSCH!
Jetzt erst recht nicht!!
Da zaubert Moses neue Überraschungen aus dem Hut. Eine Plage nach der anderen.
UAAAHHH! Ich kann die Typen nicht mehr sehn!
Aber der Pharao ist ein westfälischer Dickschädel. Erst als Moses eine Gespensterrevue veranstaltet, verliert er die Nerven.

Das lassen sich die urlaubsreifen Hebräer nicht zweimal sagen. Nix wie weg!

Eins, zwei, drei im Sauseschritt, flüchten sie – wir flüchten mit...

Nachdem sich Pharao die Fingernägel kurz gekratzt hat, funkt's unter seiner Mütze: seine Hiwis sind abgehaun!

*) wortgetreue Übersetzung ins Neuteutonische: ALARM!

Madame Potifars gamsige Enkelin vergießt Tränen über ihr lustloses Einzelbett...

Mensch Moses – sie kommen!!
Immer diese jüdische Hast!
Au Backe! Vor ihnen das Rote Meer, hinter ihnen die Egypts. Was nun? Da zeigt er, was in seinem Zauberknüppel steckt. Das Rote Meer teilt sich und wird die reinste Autobahn.
Hey, Rommelpott-Walroß, wo hakt's denn?!
Tolles Programm heute.
Dicke Scheiße, ich glaub, mich hat'ne V2 gestreift!
Kaum betritt Moses als Letzter trockenen Fußes Asien, macht es SCHWAPP, der Fluchtkanal schließt sich und die bösen Ägypter schwimmen nach Kairo zurück.
Backtip: MANNA
Zur Siegesfeier versorgt der GROSSE Boss seine Peoples mit Manna-Schnitten aus der Luft.
Freßt, bis ihr platzt!

Während die Flüchtlinge jubelnd zum Mount Sinai stürmen, weint der vergrämte Pharao wie ein paar Jahrhunderte später sein Amtskollege Kaiser Augustus:
SINAI
JAUCHZ JOHUUU
Oh Rommelpott-Walroß--gib mir meine Legionen wieder!
Auch Moses hat Zoff. Eben noch happy, trocken durchs Meer gekommen zu sein, nörgeln seine Schützlinge über die herrlichen Frühstückssemmeln.
Durst! Mir brüllt die Leber!
Neu: 5-KORN MANNA
Deine Götterspeise ist staubtrocken!
Moses klopft wütend mit dem Zauberstab an den Berg Sinai - da sprudelt es Selterswasser, Löwenbräu, Liebfrauenmilch und sogar Black & White.
Die Saufsäcke sind glücklich. Nicht so Moses. Die Hippies müssen auf zack gebracht werden. Er bittet den GROSSEN BOSS um einen moralischen Fahrplan. Der GROSSE BOSS stattet ihn mit 10 Geboten aus.
1
2
3
Als Moses nach wochenlangem Brainstorming zurückkehrt, trifft ihn fast der Schlag. Aus den Hippies sind Yuppies geworden, die die Kohle anbeten und um die Goldene Kuh steppen...
Scheiß Kapitalisten! Ihr braucht keine Kohle - der GROSSE BOSS gibt euch, was ihr braucht!
ZACK
I can't get no satisfaction...

Nachdem Moses seine Leute von ihren Geldsorgen befreit hat, geht's ins Gelobte Land.

Jericho, die ersehnte, ist nah...
Gut gemacht, Moses. Komm mal kurz rauf!
Was – in meinem Alter noch bergsteigen?!
Komm schon. Es ist das letzte Mal, Ehrenwort. Du kriegst den Logenplatz bei der battle of Jericho!
Ächz
Gleich hebst du ab. Viel Spaß!
Fasten seatbelts!
Ach, du dickes Ei!
Ciao, Boys – dann siegt mal schön!
Affengeiler Sound!
ZICKE ZACKE HÜHNERKACKE Hoi Hoi Hoi
Jericho grüßt seine Gäste!
PAPA JOSUA's HOT SEVEN
Josua TRAINER
999. RUNDE
Los, ihr Schlappschwänze! Mehr Groove in die letzte Runde!

ACHTUNG, ACHTUNG – Sondermeldung des palästinensischen Fernsehens:
TAGES SCHAU
JERICHO
KANAAN
BARBAREN IM LAND, WO MILCH UND HONIG FLIESSEN!
KÖNIG UNTER HAUSARREST
WIDERSTAND ZWECKLOS!
JET-SET
HÜHNER-AUGEN Lotion
Das süße Leben schlafft die Hebräer ab. Der GROSSE BOSS ist erschüttert. Totale Degenerationserscheinungen wie seinerzeit in Sodom und Gomorrha.
CHILI
Nur im Kampf Mann gegen Mann steht der Mann seinen Mann. Um die Veteranen frisch zu halten, schickt der GROSSE BOSS kampferprobte Philister.
Die machen sich einen Sport aus der Hebräerjagd.
*) Zapp, zerapp, Rübe ab!
Huch!
Er war so schön lang, Detlev!

Selbst Karl Meux' Folkschau zur Konservierung uriger Volx-kultur wird von den Barbaren sabotiert.

24 SAMSON – DIE GEBURT EINES GAMMLERS (RICHTER 12,13)

Er platzt wie ein Elefant in die Teezeremonie.
Leider verstehen die Eltern der Holden keinen Spaß.

*) Verlauster Struwwelpeter, laß die Finger von meiner Tochter!

Frustriert schwört der Arnold-Schwarzenegger-Typ allen philiströsen Tochterbesitzern Rache.

Er verspeist einen nach dem anderen.

Eines Nachts verrät eine treulose Mieze sein Versteck. Ein paar geldgeile Stammesgenossen nehmen ihn hopps.

Samson wollte bloß kein Spielverderber sein.

Nach dieser Heldentat verknallt sich Dalila in den Muskelprotz, dem leider keiner gewachsen ist. Bald wissen die Philister, wo's bei Dalila klemmt.

Sie nervt ihn solange, bis er weich wird. Seine Power sitzt in der Struwwelpeter-Frisur. In der Nacht drauf macht sie ihm einen Igelschnitt. Die Zotten stopft sie in die Matratze.

Als die Philister öffentlich seine Glatze verhöhnen, zieht er blitzschell das Toupet über die Ohren. Dann reißt er die antiken Styropor-Säulen um. Sein letzter Auftritt ✝

Morgens wird der Schwachmatikus eingebuchtet. Alle Power ist flöten. Aber der GROSSE BOSS vergißt die Seinen nicht.

27 SAULS BILDERBUCHKARRIERE (1. SAMUEL 9-16)

Saul stapelt hoch. Sieg auf Sieg. Der GROSSE BOSS ist zufrieden, aber nicht lange.
Der Typ spinnt wohl. Ich habe ihm doch verboten, das ungesunde Schlachtvieh der Philister mitzubringen. Dem versalze ich die Suppe!
SPRONG
Säulchen, was hältst du von Kalbshaxe in Burgundersauce?
Satans Kochkunststücke...
Weiß gar nicht, was mit mir los ist. Sonst hat's immer funktioniert.
POMADE
Dieser Schlappschwanz will König sein?
POMADE
... schlagen Saul auf den Magen. Er bekommt Dünnpfiff und kann nicht mal mehr das Schwert führen.
Im Auftrag des GROSSEN BOSSES macht sich Samuel auf die Suche nach einem starken Typen. Der Junge heißt David und zupft einen so heißen Darm,...
.. daß der schlaffe König seinen Kummer vergißt.
are you lonesome, tonight...
David + Jonathan
Love Elvis
David
David und Sauls Sohn Jonathan werden dicke Freunde.

Für Saul wird es brenzlig. Die Philister haben eine neue Wunderwaffe: den Riesen Goliath. Nur David läßt sich nicht bangemachen. Assistiert von Jonathan bereitet er seinen größten Auftritt vor.

Alles klar? Kaum ist Goliath K.O., reißt es das Publikum vom Sessel. Nur einen nicht. Saul grübelt, wie er den Konkurrenten loswerden kann. Er beauftragt David, 100 Philister aus der Unterhose zu boxen. Wenn's hinhaut, soll David die Königstochter Michal kriegen.

ES KLAPPT!
Zur Belohnung kriegt David die Prinzessin zur Frau. Es wird eine richtige Prominentenhochzeit.

Alles wäre in Butter, wenn Saul nicht immer so eifersüchtig wäre.

Weil's immer Zoff mit dem Schwiegervater gibt, verduftet David in eine Höhle. Dort steht ihm in einsamen Stunden Freund Jonathan bei.

Zufällig hat Saul bei einem Betriebsausflug ein dringendes Geschäft zu erledigen. Aus Versehen eilt er in Davids Versteck

Zisch ab, du Stinktier! My home is my castle!
Au backe! Das werde ich dir nie vergessen!
ZIPP
Danke
Danke
Danke
Am liebsten würde David Saul für die Frechheit den Arsch versohlen. Leider sind Königshintern tabu. Darum schneidet er bloß einen Zipfel vom Mantel ab.
Dafür kriegt der boßverlassene König von den Philistern eine Abreibung nach der anderen.
ZACK
HARA KIRI für Anfänger
Eines Tages kommt ein Hiobsbote zu David.
DER OFEN IST TOTAL AUS!!
Herzliches Beileid.
König Saul wird brandbestattet. Es geht sehr feierlich zu.
ICH HATT EINEN KAMERADEN
Friede deiner Asche
Amen

Jetzt ist David die große Nummer. Samuel krönt ihn zum König. Dann wird er von jubelnden Fans auf den Schild gehoben.
David, David, sei so nett, bleib ein Held in Feld und Bett!
PLATIN
Die Feinde kriegen Muffensausen.
KÖN
DAV
Nicht zu unrecht. Begleitet von seinen Gespielinnen und einer schlagkräftigen Truppe macht er sich auf die Suche nach einer geräumigen Hauptstadt.
JERUSALEM
muß i denn, muß i denn...
Ich kann's schon nicht mehr hören!
KING OF ROCK 'n ROLL
Schlimmer als Troubadix
Im Morgengrauen dringt Davids Leibgarde durch die Kanalisation in Jerusalem ein und säubert die Stadt von den schmutzigen Eingeborenen.
HALTET JERUSALEM SAUBER!

In Jerusalem richtet David ein königliches Bienenhaus ein.
Wach auf, mein's Herzens Schöne, dein Ritter steht vor dir!
DING DING DONG
Scheiß Sex- immer das selbe!
Kuckuck!
Dzt, dzt. An der ist doch nix dran!
MICHAL DING DONG DING
ABIGAIL DONG DONG DING
LALULA DING DING DONG
NUTELLA DONG DING DONG
ARIOLA DING DONG
SSZZZZSS
DAS TAO DER LIEBE
ZU VERMIETEN
Let's spend a night together
Der Non-Stop-Schmuse-Streß überfordert selbst den potentesten aller Potentaten.
Als David abgespannt mit Schmalzlockenwickler abtaucht, träumt ihm exakt die Stelle, wo die verschütt gegangene Bundeslade - das höchste Stammesheiligtum - verschollen ist.
Die archäologische Traumleistung läßt David und seine Peoples ausflippen. Er tanzt mit seinem berühmten Hüftschwung so affengeil vor der Bundeslade, daß Königin Michal ausrastet..
FAUCH
FZZZZ
Du Ferkel, ist das eine königliche Haltung?!
RASSEL
MICHAL
GESCHLOSSEN
DING DONG DING
Trauriges Ende einer Beziehungskiste

David hält frustriert Ausschau nach Ersatz. Da fällt sein geübter Blick auf etwas sehr Erhebendes.

Der hübsche Zwillingsnackedei hat leider einen Haken: er ist in fester Hand. Der Besitzer – ein gewisser Uria – ist Unteroffizier in Davids Armee.

Wie bei jeder bösen Sache hat wieder Satan seinen Schwanz dazwischen. David läßt den Elitekämpfer an die Front schicken. Dort bekommt er ein Ehrengrab 1. Klasse.

Die Spielerei mit Bathsebas Zwillingsnackedei hat fruchtbare Folgen.

Kaum ist Prinz Salomo abgenabelt, bekommt David einen blauen Brief vom GROSSEN BOSS.

Lieber David,
König von Bosses Gnaden. Weil Du Deine Finger immer in fremde Sachen steckst und Maffia-Methoden anwendest, kriegst Du diesen Denkzettel. Es wird Zoff in Deiner Familie geben.
Gruß, Gruß
Dein G.B.

Rührend, wie sich Davids halbstarke Söhne um ihr Brüderchen kümmern. Prinz Absalom ist besonders lustig.

David findet das gar nicht komisch. Die Strafe des GROSSEN BOSSES kommt schneller, als erwartet. Als Prinz Absalom in aller Öffentlichkeit mit den Freundinnen seines Papas schäkert, ist der Familienkrach perfekt.

Es wird eine rasante Parforce-Jagd. Nicht sehr lange …

Plötzlich hängt Absaloms Leben an seiner hübschen Frisur.

Drum merke, lieber Leser: Trage niemals Punkerhaare, denn dann kommst du auf die Bahre.

Der Schreck ist David schwer in die Glieder gefahren. Er wird alt und tattrig und immer wird ihm kalt bis zum dicken Onkel. Da sieht er eine Wärmflasche mit zwei heißen Ohren.

Bevor Davids Zustand endgültig den Gefrierpunkt erreicht, ernennt er Salomo (stehend, 1. v. links) zum neuen König. Dann kommt er blau und steif in die schönste Gruft von Jerusalem.

Salomo, der neue König, hat einen 199½ I.Q. Mehr als Moses. Er kann alles, weiß alles. Täglich dichtet er rasante Sprüche und Lieder. 3.000 Stück, insgesamt.
Wie findest du den, Johann: 'Wer andern eine Grube gräbt, fällt selbst hinein'
Ganz toll, Majestät.
Ein pikanter Fall, Majestät!
Miese Baby-Klauerin!
Du Pißnelke! Das ist meins!
...Doch Salomo ist nicht nur ein toller Dichter, er ist auch ein genialer Richter. Als sich zwei horizontale Damen um die Mutterschaft eines Bankerts zanken,...
...fällt er das Muster eines salomonischen Urteils.
Die Weiber gehn mir mit ihrer Comix-Sprache heavy auf den Geist.
Hexe, ich mach dich kalt!
Harmann, ich hab's. Zerlege das Kind in zwei gleiche Teile. Das linke Teil kriegt die Klägerin, das rechte die Beklagte.
Das nenn ich gerecht, Alter!
Um Himmelswillen! Kein Hackfleisch. Gebt es ihr!
Hab ich mir gleich gedacht.
Alles klar? Die wahre Mutter kriegt ihr Kind. Die Baby-Klauerin wird zum Teufel gejagt. Und Salomo, der weiseste aller Weisen, macht nach des Tages Mühen eine entspannende D. Duck-Kur.
HOCH SALOMO!

Salomo ist clever, reich, berühmt, hat 700 anschmiegsame Frauen. Trotzdem ödet er sich.
Da kommt ein himmlischer Anlageberater mit einer Super-Idee:
"Moin, moin. Leg deine Kohle in Immobilien an. Bau'n Tempel, das gefällt dem GROSSEN BOSS. Todsichere Sache."
1.000 000
1.000 000
Die Idee läßt ihn nicht mehr los.
Mit dem Hyperkünstler Aquacento wurschtelt er an seinem Bauherrenmodell.
PRIX
Hunderte Künstler verarbeiten in sieben Jahren 8.000 Zentner Gold, 850.000 kg Silber und 900 Tonnen Kupfer. Als das Ding endlich steht, ist ganz Israel aus dem Häuschen. Und nicht nur Israel. Die Queen von Saba ist ganz scharf auf den tollen Hecht, der so viel drauf hat.
Bist du noch schachmatt, mein Lieber, oder geht's schon wieder?
Nacht für Nacht knobeln King und Queen um die kniffichsten Dinge der Welt.
Als sie abreist, ...
!!
..treibt sich Salomo unzufrieden bei den Götzen seiner 700 Weiber herum. Das gefällt Satan. Aber der GROSSE BOSS ist verschnupft. Eines Tages läßt er seinen Favoriten fallen.
SCHNIPP

Salomos Nachfolger sind Schlaffis, Kindergriller, Lustmolche, Triebtäterinnen und andere Greulichkeiten.

..aufgeblähte Windsäcke,..

..oder Unkenrufer in der Wüste.

Eines Tages entdeckt des GROSSEN BOSSES schweifendes Auge ein neues Sprachrohr.
Ich habe dich auserwählt, mein Junge, ab morgen wirst du Ninive den Untergang prophezeien!
Doch Jonas ist ein helles Bürschchen. Er weiß, daß 99% aller Propheten für ihre Schwarzseherei die Hucke vollkriegen.
Bei Nacht und Nebel haut er ab.
Er weiß leider nicht, daß der GROSSE BOSS alles weiß. Der GROSSE BOSS läßt das Schiff schaukeln, bis alle Seemänner seekrank sind.
Von Bord, du Unglücksrabe!
NICHT-RAUCHER
NINIVE
TEL AVIV
Sekunden später hat Moby Dick den Deserteur am Schlafittchen.
Du rauchen?!
Schluck!
NIVE
NINIVE
PLOPP
Im Hafen von Ninive wird der Provo-Prophet an die frische Luft gesetzt.
Echt geile Schau. Sollte man merrken sich, fürr Wahlkampf, Herrr Bürrgerrmeisterr!
NINIVE
PLOPP
Hier prophezeit er so eindrucksvoll den Untergang, daß die Niniveer nur noch heimlich sündigen. Das findet der GROSSE BOSS O.K.

37 JERUSALEM FEUERBESTATTET – TRAUERARBEIT IN BABYLON (2. KÖNIGE 24,25)

FAHRPLAN DURCH DIE
Bahnsteig
Kapitel Nr.
1 WELTREKORD IN SECHS TAGEN (1. MOSE 1,2)
2 MODELL ADAM & EVA (1. MOSE 2)
3 NASCHEREI MIT BÖSEN FOLGEN (1. MOSE 3)
4 EIN PARADIES GEHT FLÖTEN (1. MOSE 3)
5 KAIN & ABEL – 1. KRIMINALFALL DER WELTGESCHICHTE (1. MOSE 4)
6 WO KEINE PILLE IST, DA IST EIN WEG (1. MOSE 4,5)
7 NOAH, DER ERSTE RICHTIG GRÜNE GRÜNE (1. MOSE 6-8)
8 BESCHWINGT VOM WEIN ZUM WOLKENKRATZER – B A B E L (1. MOSE 9–11)
9 ABRAHAMS GELOBTES LANDLEBEN (1. MOSE 11–18)
10 SODOM & GOMORRHA (1. MOSE 19)
11 LOTHS UNVERKLEMMTE TÖCHTER (1. MOSE 19)
12 JOSEFS FIESE BRÜDER (1. MOSE 37)
13 VOM TELLERWÄSCHER ZUM TRAUMDEUTER (1. MOSE 39–41)
14 SIEBEN JAHRE DRALL UND FETT – UMGEKEHRT IST'S NICHT SO NETT... U.S.W. (1. MOSE 42–50)
15 MOSE – KRABBELJAHRE EINES FÜHRERS (2. MOSE 1–3)
16 ESOTERIK-AZUBI MIT 199 IQ. (2. MOSE 4)
17 ZEHN PLAGEN NERVEN EINEN PHARAO (2. MOSE 5-12)
18 "ADE, DU MEIN ÄGYTENLAND, ADE" (2. MOSE 13,14)
19 SCHNELLSTRASSE DURCH'S ROTE MEER (2. MOSE 15)
20 ZEHN GEBOTE GEGEN EIN GOLDENES KALB (2. MOSE 20–40)
KAIRO

Zum Dank krempeln die Spätheimkehrer die Ärmel auf und lassen den Tempel in alter Pracht erstehen. Jetzt hat der GROSSE BOSS wieder ein gemütliches Retreat auf Erden – freut euch, frohlocket!

So endet auch dieses aufregende Buch mit einem HAPPY END!

Das ist Daniel, das junge Genie im babylonischen Exil. Mit BOSSES Hilfe löst Dany die knifflichsten Kriminalfälle. Die heißen Stories werden Jahrtausendbestseller. Sogar der Perserkönig wird ein Dany-Fan. Er macht das Cleverle zum großen Tier, nachdem Dany zigmal bewiesen hat, daß er es mit jedem aufnimmt. Beziehungen sind alles. Der GROSSE Boss macht's möglich.
Die Psychothriller des Jahres, illustrierte Sonderausgabe, rechtzeitig zur Buchmesse!
Jugendfrei ab 60
Daniel rettet Susanna vor Lustmolchen
Daniel entziffert die Geisterschrift
mene mene Tekel
Siehe DER GROSSE BOSS von Fred Denger Kap. 207
Daniel entkommt der KRALLE DES TODES
Siehe Fred Denger: DER GROSSE BOSS, Kap. 208
Daniel lüftet das Geheimnis des TÖNERNEN VIELFRASSES
BEL
Siehe: DER GROSSE BOSS, Kap. 206
Mensch, Dany, dein GROSSER BOSS ist 'ne Wucht. Wenn ich nicht selbst ein Gott wäre, würde ich glatt zu euch übertreten. Aber ich kann euch freilassen!
Dufte! Wär' aber nett, wenn wir auch den schrottreifen Tempel in Jerusalem renovieren dürfen!
ECHTE PERSER! Sonder-angebote
Als erstes baun' wir den Tempel wieder auf!
Klaro.
Das mit dem Freilassen dauert zwar noch ein paar Jahrzehntchen, aber schließlich dürfen die Ossis ins goldene Jerusalem zurück.
JERUSALEM